JN438115

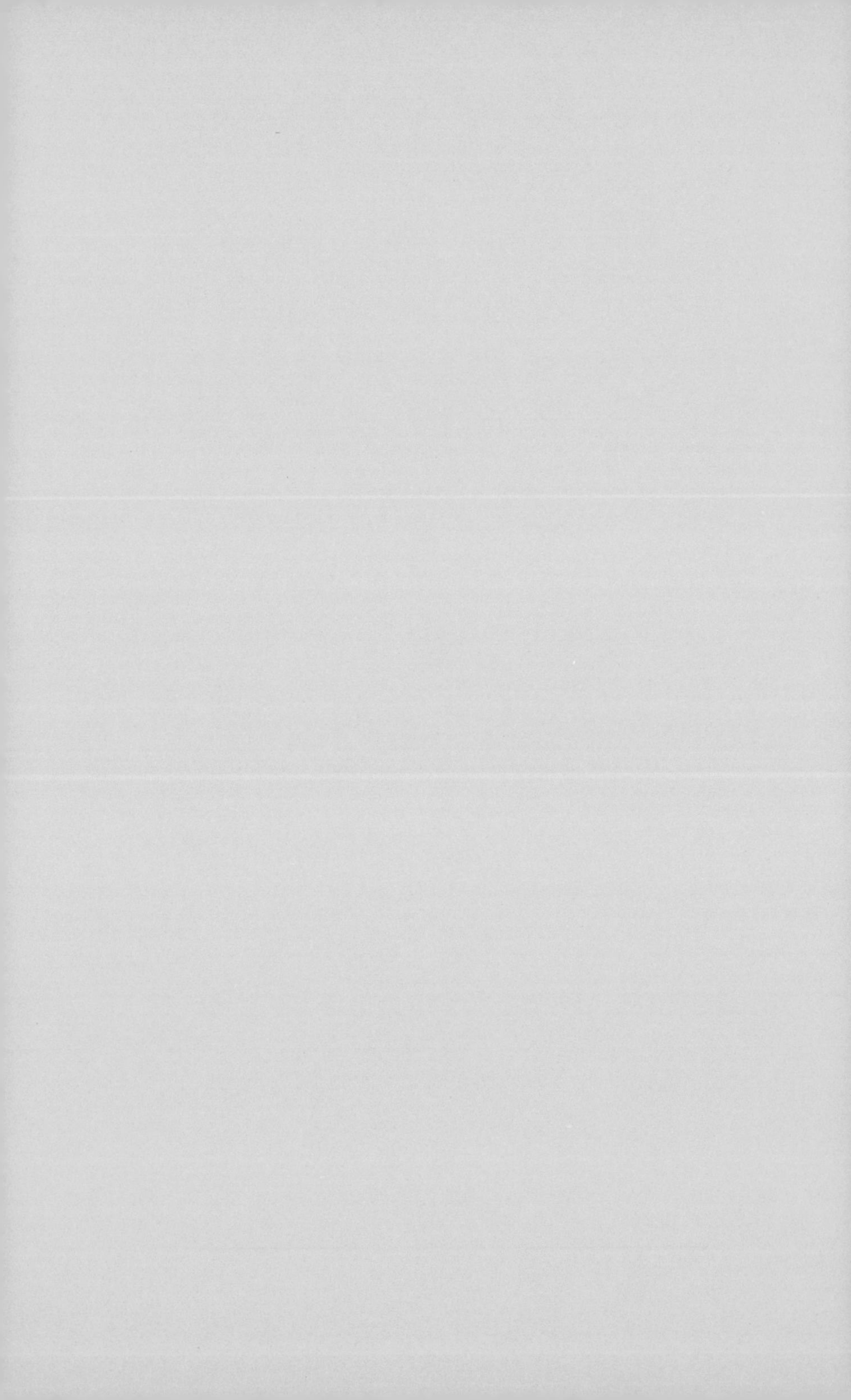

자드락길에서
만난 여유

자드락길에서 만난 여유

문영길 시집

도서출판 청옥문학사

●● 시인 문영길 첫 시집에 부치는 축하연서

심상의 언덕에 그리움의 솟대 세워 서정 시인의 길을 열다

시인.취운 권영상

시인이 시를 쓴다는 건 산고의 진통에 비유되기도 하는 힘든 작업이며 독자의 공감이나 판단에 대한 두려움과 마주하는 일이기도 하다.

시집을 출시하는 일은 작가가 쓴 작품의 가치를 세상에 선보임으로 독자의 평가를 받는 일이기에 여간 조심스럽지 않지만 오랫동안 문우로 문영길 시인의 성장과정을 지켜보았기에 서슴없이 심상의 시인으로 여러분께 소개할 수 있음을 기쁘고 자랑스럽게 생각한다.

평소에도 지기로 자주 대하며 느끼는 그의 시 내면에 모습이 너무 곱고 신선하며 철학적 가치를 마음에 이입시키고 있어 심상의 시인이라 칭하곤 했는데 역시나 그의 시는 옹달샘처럼 신선하고 용천수로 솟아나는 독창적인 표현으로 문단에 주목받고 있기에 100여 편의 주옥같은 작품 중 한 편의 시를 독자님들과 함께 고찰하여 감상 하고자 한다.

호기심의 꿀단지 채우며
꽃들은 아름다운데
진실의 모순과 억지의 두려움에 갇혀
그대에게 다가서지 못합니다.

서툰 기대에 엉겁결 눈 뜬 사랑
기억 속에서 눈 부비고 찾아 온 것이 아닌데
찬란한 오늘
이 목적 없는 방황은 무엇입니까.

꽃향기에 몸살 나고
봄바람에 멀미하면서도
새순 돋는 그리움의 싹을 분지르는
나는 누구입니까.

〈본문 "어느 봄날의 방황"의 전문〉

건곤의 형상들이 각기 멋진 싱그러움으로 단장하고 꽃들이 더 할 수 없는 화려한 모습과 향기로움으로 봄의 정원에 만발해도 정겨운 님 향한 상사의 마음을 부정하는 반어적 표현으로 간절한 애모와 갈구하고픈 염원을 내보이는 것은 시인의 특권이라 하겠다.

기타 들고 거리에 나가면 우수에 젖은 낭만으로 거리의 가수가 되어 간절한 기도와도 같은 노래를 펼치는 휴머니스트로 가까이에서 마주보고 대화하면 정감 넘치는 인간미와 언제든지 누구나 벗으로 치부하는 포용력 또한 그의 매력이다.

시를 먼저 시작한 한 사람으로 문 시인께서 그 자리에 안주하지 말고 사색의 서실을 항상 열어 두시고 정진하시길 기원하며 꽃씨뿌리는 마을 촌장으로서 진심의 축하를 드립니다 .

2013년 가을 취운 서실에서

취운 권 영 상

- 월간 문학 21 창간호로 문학 입문
- 계간 주변인의 시 [현 포엠포엠] 창간 발행인 겸 초대 동인회장 역임
- 양산 삽량 문학 창립 및 초대회장 [10년] 역임
- 다음카페 꽃씨뿌리는 마을 동인지 출판 주필[현]
- 저서 : 시집 산처럼 물처럼 외 4권 출시

●● 작가의 말

삶의 자드락길에서 만나는 여유

텃밭에서 장만한
찐 감자 몇 알, 찐 옥수수 몇 자루 같았던 詩를
문학지와 동인지에 눈치껏 요깃거리로 내밀어
허기 면하다
저의 지금쯤이 인생의 저녁이 아닐까 싶어
밥 한 끼 함께 못했던 분들께
품위와 격식을 갖춘 만찬은 마련하지 못했지만
된장찌개의 구수함이 있는
조촐한 밥상을 마련하여 초대하오니
손맛이 부족해도 맛있게 비워내는 입맛으로
음미해주시기를 기대해봅니다.

시인이란 명칭이 주는 사명감이나
통기타와 낭만의 노래가 주는 멋들어짐보다는
부족함 앞에 정직해지고
유치하다고 구박하던 낭만과
지겹도록 들었던 사랑의 넋두리를

타박하지 않고 들어주는 친근함으로
살아가는 이유를 나누고 싶습니다.

만족스럽지 못한 글이라도
용기로 선보일 수 있는 것이라며 격려해주시고
도움 주신 분께 빛나는 감사를 드리며
부족하고 흔들림 많았던 내 삶에 배경이 되어
참 좋은 당신이란 말 한마디에
생의 고단함을 지워주는 선량한 아내와
아버지로서의 본보기와 보살핌이 서툴러도
스스로 빛나는 훈장이 되어준 두 아들에게 이 시집이
감사와 고마움에 대한 작은 보답이길 바라면서
불평 없이 살아감에 최선을 다하는
들꽃같기를 소원 합니다.

2013년 추석즈음
청옥 문예 대학 강의실에서

차 례

제 1 부 삶에게 나눠준 쉼표

· 풍선껌 …………………… 17
· 모퉁이 …………………… 18
· 자드락길에서 만난 여유 …19
· 허수아비 사랑…………… 20
· 차 한 잔의 여유 ………… 22
· 밤비 ……………………… 23
· 매미가 우는 이유 ……… 24
· 중년의 어느 저녁 ……… 26
· 새벽 종소리……………… 27
· 술병 ……………………… 28
· 여명 ……………………… 29
· 석가 탄신일에…………… 30
· 조화 ……………………… 32
· 폐지 줍는 할머니의 추석 … 33
· 겨울 산장의 오후3시…… 34
· 숲속 빈터………………… 36
· 헌집 줄께 새집 다오 …… 37
· 결핍 ……………………… 38
· 본전치기 ………………… 39
· 불면 ……………………… 40
· 독방 ……………………… 41
· 누에고치의 꿈 ………… 42
· 용두산 공원……………… 43
· 生의 간이역……………… 44
· 도루묵 …………………… 45

제 2 부 계절의 술래잡기

· 봄바람 …………………… 49
· 꽃 무등 타고 오는 봄 … 50
· 봄을 배달 중 …………… 51
· 봄비 ……………………… 52
· 깡통 화분………………… 53
· 봄비 내리는 날에 ……… 54
· 어느 봄날의 방황 ……… 55
· 망월동 장미꽃…………… 56
· 소낙비 …………………… 57
· 내원사 계곡……………… 58
· 바닷가에서 햇살을 줍다 … 59
· 추상 ……………………… 60
· 가을애상 ………………… 61
· 을숙도의 노을…………… 62
· 가을의 사색 …………… 63
· 낙엽 ……………………… 64
· 솔숲에 눈 내리듯이 …… 65
· 눈꽃 ……………………… 66
· 춘설 ……………………… 67

제 3 부 사랑을 엿보다

· 보고 싶다, 그립다 ········· 71
· 따뜻한 안부 ················· 72
· 시치미 ······················· 73
· 꽃이 된 우산 ·············· 74
· 집 착 ························· 75
· 그리움의 감기(제체기) ··· 77
· 화상 ·························· 78
· 다시 또 사랑 ·············· 79
· 품앗이 사랑 ··············· 80
· 부재중 ······················· 81
· 섬 ····························· 82
· 그리움의 실상 ············· 83
· 후 애 ························· 84
· 사랑의 역류 ················ 85

제 4 부 그리움의 텃밭

· 어머니의 새 ················ 89
· 오줌싸개 ···················· 90
· 어머니의 아침 ·············· 91
· 결혼 기념일 ················· 92
· 여름밤 ······················· 93
· 수제비의 기억 ·············· 94
· 엄마 손은 약 손 ··········· 95
· 아내의 첫 휴가 ············ 96
· 쌈짓돈 ······················· 97
· 아내가 머리 감은 뒤 ······ 98
· 스승의 날과 아버지 ······ 99
· 난쟁이 해바라기 ········· 100
· 베넷저고리 ················ 101
· 솔가리(탈모) ············· 102
· 참 좋은 당신 ············· 103

제 5 부 꽃 속에 감춘 시

· 설중매 107
· 봄까치꽃 108
· 유채꽃 피는데 109
· 진달래꽃..................... 110
· 홍매화 같은 사랑 111
· 제비꽃 112
· 조팝나무 꽃 113
· 한순간의 꽃비 114
· 꽃잎에서 이별을 배우다 ··· 115
· 달맞이 꽃 116
· 매화 지천으로 피면 ······ 117
· 찔레꽃......................... 118
· 메밀꽃......................... 119
· 5월의 장미 120
· 살사리꽃(코스모스) ······ 121
· 들국화 피면 122
· 동백꽃 당신 123

제 6 부 팔리지 않은 시

· 벌레 먹은 사과 127
· 미안한 詩 128
· 탁발 129
· 팔리지 않는 詩 130
· 각혈........................... 131
· 짝퉁 132
· 도깨비 씨름 133
· 유치한 詩 134
· 프로필 136
· 시인에게 묻겠소 137
· 먹고 살만하니까 138
· 꼴값 139
· 잡탕찌개를 끓이다 ······ 140
· 어설픈 詩人으로 142

제 1 부

삶에게 나눠준 쉼표

서툰계산으로
짤랑거리는 잔돈같은 행복
분주한 마음에
쉼표하나 살며시 내려놓습니다.

풍선껌

옛사랑처럼 오래도록 씹었기에
달콤함이 다 빠져버린
풍선껌
입안에서 맴돌던 이름이었다가
용쓰며 부픈 풍선 하나
하늘로 떠오르지 못하고 주춤거리다
이내 터져버린 그리움이여

잃어버린 꿈
함부로 버려져 길바닥에 얼룩지다가
누군가의 신발밑창에
미련으로
끈질기게 달라붙었네.

모퉁이

삶의 의미를 자족하며
낯이 익어가는
덤덤한 생의 모퉁이를 돌면
환희에 찬
설렘의 어떤 하루를 만날 수 있을까
마음모퉁이를 돌면
신선한 기대와 반가운 인연
우연으로 마주쳐
부족한 사랑을 충족시킬 수 있을까
길모퉁이를 돌면
긴 설득의 기다림을 끝내고
만나질것 같은 필연으로
행복이 약속한 기쁨을
그곳에서 만날 수 있을까
산모퉁이 돌아 내려오는 나그네
노을지고 내려와
고단한 인생과
평안을 흥정할 수 있을까

자드락길에서 만난 여유

나지막해도 만만치 않은 힘겨움
걸음마다에 실리는
삶의 무게 가늠하고 싶다면
자드락길 걸어보시게

비탈진 오르막이면
한편으론 조심스러운 내리막
성급하지 않으면
능히 겪어낼 일이려니
삶속에 언뜻언뜻 만났던 희망처럼
볕뉘 기웃거리거든
급한 마음은 먼저 보내고
잠시 멈춰
홀가분한 여유로 숨 고르시게

삶의 고비 넘긴 힘들어도
태산처럼 높고 까마득하진 않으니
자드락길 오가는 인연
가벼운 목례쯤은 나누며 걸으시게.

허수아비 사랑

모든 것이 풍요로운 약속인데
나의 가난한 사랑
햇살 따가운 눈총 속에서
남루한 진실을 꿰매어 입은 초라함
부끄러워하지 않으리.

안간힘으로 버티는 세상 속에서도
무너지지 않는 튼튼한 소망
헌신의 대지大地에
말뚝 깊이 박아 세운 약속
그대의 무심함에도 서러워하지 않으리.

자꾸 외로워져야할 날들
바램들이 추수되어
허전하게 빈 마음 드러난다 해도
기다림으로
지나치던 너의 관심이 쉬어가게
메마른 팔뚝이라도 두 팔 벌려 마중하리

새벽 찬 공기에
몸서리치는 외로움도
오랜 침묵에
주문이 되어버린 고백도
당신의 그리움을 지킬 수 있다면
감당할 수 있으리.

그대가 계절처럼
자유롭게 머물다 떠나가도
붙박이의 미련한 사랑
남겨진 기억을 지키는 불면의 파수꾼된 것을
후회하지 않으리.

사랑의 근위병이 아닌
허수아비로
변방의 그리움을 지켜야하는걸.

차 한 잔의 여유

커피 한 잔의 깊은 맛은 모르지만
그 시간이 좋다.
잔잔한 음악을 배경으로
적당한 외로움도 즐길 줄 아는
낭만의 이름으로
만족해하는 행복이라면
그리움이 부르는 날에
커피 한 잔 같이 하실까요?

꽃차 한 모금에
왠지 향기로워질 것도 같고
녹차 한 잔은
마음 수양의 본보기 같아서 좋고
차 한 잔 곁에 두는 여유와
정갈한 시간이 만드는 행복으로
정과 대화가 있는 마음을 열어주는
깔끔한 소통이 좋으시다면
비가 오는 날
꽃차 한 잔 같이 하시렵니까?

밤비

찰박 찰박
외로움이 뛰어오는 소리
후드득
그리움이 넘어지는 소리

누군가
오랫동안 참았던 눈물
어둠속에서
봉인된 아픔을 열고 있구나.

매미가 우는 이유

지금 내 마음이 울고 있는 것이 아닌
여름이 울고 있는 것입니다
오랫동안 땅 밑에서 적막하고 외로운 날들
그 기억들이 쏟아내는
흔적의 소리인 것입니다

잠든 사랑을 깨우기 위한 나의 수고를
얄팍한 불편으로 외면하는 그대
소음은 그대들이 만든 공허한 메아리
나의 노래는
여름에게 바쳐진 詩 입니다

도심의 불빛에 눈이 부셔
잠들지 못하는 목소리
나는 그대들의 변질된 진실 때문에
밤을 떠도는
고독의 일부가 된 것입니다

나의 노래는 잠재되어진
설움과 외로움의 몸짓이 아니라
지독한 아픔으로부터 배우고
인내로 지킨
기다림을 위한 찬사입니다

나는 운 것이 아니라
땀 흘려
여름을 일구는 노력으로
생의 환희를 노래한 것입니다

중년의 어느 저녁

잔뜩 헛배만 부풀린 오늘
한잔 술에 취하여 뻔뻔해진다 한들
너의 기대에 젓가락 장단 맞춰
목청껏 미안함을 불러본들
눈망울 초롱초롱하던 약속은 지울 수 없는 것
체면을 조각내어 현실과 바꿔치기 하며
만용으로 얼굴 붉게 물들이던
구멍 난 자존심
매번 들키는 일상이려니

움츠려드는 마음에
생트집의 주먹을 날리고
반발의 상투를 붙잡아 흔드는
오기傲氣가 밑천 털리면
헤진 슬픔을 깁고
너덜거리는 아픔을 소독해주는
가족이 있어
저녁노을 등에 지고
허전함을 감춰둘 쥐구멍으로 찾아든다.

새벽 종소리

꿈을 가로질러오는 새벽 먼동
개척하지 않은 평화의 땅에 내리는
촉촉한 종소리는
희망에 다가가는 결심의 언저리에서
단단해지는 각오이려니

출발을 알리는 신호로
모든 용기가 오늘을 향해 달음질하고
행복을 응원하는 함성으로 울리는
첫 울음

허락된 오늘의 희망이
어제의 바람과 자리바꿈하는
조심스러운 시간
거침없이 오늘을 여는
새벽 종소리가
부지런한 수고를 깨운다.

술병

깊고 푸른 바다가
술병에 담겼다
밤새워 헤엄쳐도 건너지 못할
상심의 바다
아픔의 물비늘 번득이며
감정의 기복으로 출렁일 때마다
넘치는 눈물 핥다가
취하여
내일의 항해를 잊고 잠들었다
뱃전에
두통약 두 알 신발처럼 벗어두고
뛰어내린 메스꺼움
그리움의 바다에
술 한 병 둥둥 떠다녔다

여명

너의 도발로 점화된 오늘
정직의 습관을 되새김하고
초롱거리는 자각을 회복하는 시간에
어떤 희망과
은밀하게 내통하던 전갈을 품고
이리도 당당하게
소망의 분신을 내보이느냐

성스러운 기대가
오늘 속에서 수렵할 운명에게
정화수 앞
충성의 서약을 끝냈으니
이젠 생을 위한 헌신만이 있을 뿐
뒷걸음질의 후회를
오늘이 용서하겠느냐

새벽 첫차엔
이미 병졸들로 초만원超滿員이다.

석가 탄신일에

번뇌의 염주 알알이
세월 굴려가며 손때 묻은 염원
산사의 고독을 담아
고요로 초록빛 풍경 펼치니
자비의 품안이 어딘가
해탈의 끝없는 되물음으로
탑돌이하며 품은 화두
천년 뒤의 해답으로 우담바라 꽃 핀다

등신불로 내어주던 육신
연등에 걸린 기원으로 고통을 가리고
동자의 눈망울로 반짝이는
깨달음의 시작
여기가 극락인가
사바의 세상은 늘 어지럽건만
산중에 핀 연꽃이 하늘에 걸리면
부처는 가슴에서 깨어나신다.

목탁소리 ,염불소리에
중생들의 우매함이
백팔배로 낮추고 낮춘 마음
성불하여
극락으로 오를 꿈만이 공손하다

조화弔花

상가 집 앞
국화가 소복차림으로 모였다

망자는 꽃 속에서 하얗게 웃고 있건만
문상객들
연출된 슬픔으로
살아있음을 안도하며
넋두리로 엮는 인연
세상을 버린 상실의 무게에 비견하기엔
아쉬움을 행구는
눈물의 무게는 너무 가볍다

망자는 잊히기 위해
부어주는 술잔을 비우느라
바쁘고
찾아오는 이들의 복잡하게 얽힌 표정
세심하게 살피는 흰 국화.

폐지 줍는 할머니의 추석

골목길마다
뜯어 낸 선물포장지가 수북하니
등 굽은 몸에 신명이 가득

쏙쏙 알맹이만 빠져나간
빈 종이상자들
오랜만에 바쁜 걸음이
수레에 얹힌 피로로 느끼는
묵직한 만족

할머니가
쭉정이의 행복을 이삭 줍는다.

한가위 보름달빛
폐지위에서 송편을 빚는다.

겨울 산장의 오후 3시

창밖 얼어붙은 풍경들
자투리 햇살로 결박 풀고
한풍에 춤출 때
난로 위
물주전자 뜨거운 숨 몰아쉬면
커피한잔 어떠하오.

그냥 보내긴 못내 아쉬워
사랑을 베낀 느낌에 머물렀다
내 것이 되어버린
잘 발효된 그리움 한 모금에
머문 시간 모자라 뒤돌아보는 햇살로
덧붙이는 추신(追伸)

흔한 일상의 아쉬움일지라도
서럽게 보내진 마오.
자꾸 쩨쩨해지는 인생을 용서하니
감격이 없는 하루일지라도
하찮은 것들이 모여
생의 깊은 맛을 머금었잖소.

착하게 길들여진 습관으로
너의 추억 앞에 멈춰서는 그리움 있으니
추운 겨울 오후
산장 카페에서 흑백낭만으로
따스하게
향기롭게
커피 한잔 어떠하오.

숲속 빈터

세상을 마주볼 용기를 잃어버린
중년의 사내
명퇴의 초라한 자리를 펴면
좋은 시절이 멋쩍어하며 찾는 곳

서로가 가여워 뒤늦게 베푼 사랑
노년의 부부가
서로에게 기울어지는 마음 되어
용서를 보이는 곳

계절이 매번 다녀가도록
詩 한편 완성하지 못한 어설픈 시인
애꿎게 낙엽만 밟아 거닐고
속삭임처럼 계곡의 물소리 들리는 곳

애물단지의 번민
불평 없이 받아주니
숲속 빈터에선
다시 만만해지는 인생살이

헌집 줄께 새집 다오

손때 묻은 낡은 집 내주고
개발의 도깨비 방망이 한번 휘두르면
유명 아파트 뚝딱
돈벼락 횡재할 줄 알았건만
여사님, 사장님, 조합원님
꿈마차 타고 멀미하던 때가 엊그제인데
기가 막히게도
빚 덩어리 혹 붙어 올 줄이야

가진 대로 살면
등 따습고 배불러
대충 고쳐가며 한오백년 살겠건만
꾐에 속아 도장 찍은 죄
눈칫밥 동냥 잠 떠도는 처량한 신세
얼마나 보내야 갚아질까
자다가도 잠꼬대
두껍아 ,두껍아 헌집 줄께 새집 다오
뚝딱 후딱 새집 다오

결핍

예고편만 훑어보며
지레짐작의 뻔~ 한 결말에 싫증내던
까다로움으로
지금껏 대면하진 못했지만
늘 이웃하였던 소원이 있소.

시시한 감동만 떨이로 남아
치열함도
뜻밖의 감격도 없는
대충 때우는 한 끼 같은 낭만으로
사랑을 넘보기엔
너무 염치가 없다 싶어
데면데면 곁눈질로 낯을 익히던
그리움만 곁에 두오.

남모르게 쌓아두었던 염원
턱 괴어 바라보다가
조금씩 맛보는 아껴둔 그리움이
별이 된 꿈 배웅하고 오면
외로움의 더께 벗기는 새벽이라오.

본전치기

지키지도 못한 다짐 수북하지만
선한 믿음에 기대어
체념과 바꿀 수 없었던 날들

탐욕과
부끄러운 흥정하지도 않았고
희망의 빛나는 날개를
노력 없이 탐하지도 않았지만
공짜로 먹은 나이 때문으로
체면치레 하느라
호기롭게 오늘에게 남발한 약속들이
외상으로 남아
값을 치르지 못한 빈 지갑 인생
고민 없이 빈둥대던 시간만
소주 한잔의 후회로 남았네.

인생의 계획 세울 알뜰함으로
본전치기면 되는데
갚아야 할 사랑 빚만 늘었구나.

불면

지켜야할 인생의 보화도 없고
볼모로 사랑을 붙잡아두지도 않았건만
불침번 자청하는 그리움을 어찌하오.

몽근짐이 되어버린 헌신의 서약으로
피곤한 일상의 기대가
충혈 된 눈 좀 붙이면 좋으련만
초롱초롱한 의식
풀지 못한 어제의 숙제 때문에
무겁게 쌓인 한숨
삶이 뭔지도 모르면서
쉽게 문 열어준 오늘이라오.

새벽 첫 차에
꾸역꾸역 밀려드는
조각 잠
몽유(夢遊)의 하루가 대기 중이오

독방

아랫목 이불 속
올망졸망 정겹게 모이던 발도
내리사랑으로
손자의 재롱에 시름 덜던 흡족한 마음도
내외간에
눈치껏 주고받던 짬짬이 사랑도

다솔식구도 아닌데
함께 밥을 먹지 못하고
제 방으로 뿔뿔이 흩어져
문 닫아걸고 외로움을 키웠다

주린 사랑을 탓하다가
독방에 갇혔다
그립던 옛이야기 회상하며

누에고치의 꿈

흉한 몰골로
푸르른 꿈을 갉아먹던 욕망
생을 즐겨보지도 못하고
욕심을 독식하다가
덜커덕
제 한 몸 누일 공간에 갇혀
최면의 시간 속에
실타래로 뭉쳐둔 소원입니다.

꿈꾸듯 명주실을 뽑아내면서도
정작,
사랑의 옷 한 벌 짓지 못하고
번데기로 마감하는 생
날지 못하는 희망을 위해
비단 한필 내다 팔았습니다.

다음 생엔
날개를 허락 받아
하늘을 향해 날아오르렵니다.

용두산 공원

오랫동안 발라먹은 인생
뼈만 앙상한데
허무함에 우려내는 골수의 외로움
고아도, 고아도
맹탕이 되어가는 앙상한 세월
벤치엔
쓸쓸한 그림자가 쉰다.

졸음에 겨운 무임승차의 인생
되새김의 추억도 바닥이 나
나른한 햇살 펑퍼짐하게 주저앉아
살 오른 비들기만
무료한 시간을 쪼아대는 용두산 공원

비워진 인생의 잔고만큼
늘어난 한탄
땀 흘린 청춘의 댓가는
아직도 입금되지 않아
불안한 미래가
가불받을 사랑의 청구서를 쓰고 있다

生의 간이역

떠난 후에야 기적을 울리는 사랑이라면
아직은
당도하지 않아야 한다.

생의 간이역
연착되어진 그리움이 시야에 들면
아픔의 手旗 흔들어 보내는 대기 신호

개찰구는 이미 열려있고
정지선은 눈앞인데
등 떠미는 보고픔은 어찌하랴

기다림은
늘
먼저 와 서성인다.

도루묵

사람들의 환심을 사기위해선
차가운 인심 속에서
탱글탱글한 미련을 알배기 해야 했다.
입안에서 터지는
불만의 알갱이를 깨물며
송두리째 소원을 삼키던
세상으로부터 배운 고약한 버릇으로
불룩하게 품기만 하고
부화시키지 못한 사랑
소망을 잉태한 증거가 확실한데도
술 깨고 나면
기대치 높은 현실 앞에선
말짱 도루묵이었다

제 2 부

계절의 술래잡기

시린 추억 봉분없이 묻어두어건만
그리움은
계절마다 꽃다발 바꿔 들고
망설임 없이 잘도 찾아오더이다.

봄바람

시린 그리움만
방목하던 계절이었지
겨울 다 지나도록
깨우지 못한 사연 있어
쿡쿡
옆구리 찌르는 햇살
욱신거리는 삭신에서 봄이 돋는다.

마음의 빗장 열어
마감하지 못했던 긴 겨울의 기다림
해방시키고
발견되지 않은 비밀을 뒤져
봄을 캐는 여인
바구니엔
개봉하지 않은 설렘만 가득하다.

극성스런 봄바람 속에
빨랫줄에 널린 두터운 옷가지들
깃발로 펄럭이면
겨울의 퇴각을 인정하는
항복의 선언이다

꽃 무등 타고 오는 봄

꽃 무등 타고 오는 봄바람
풀꽃반지로 묶어 놓았던 약속
어느 틈엔가
연두빛 봄의 뜰에 당도하면
새순 돋는 희망으로
오랜 기다림을 보상하는 충분한 기쁨
천사의 손길로 쓰다듬는
넉넉한 설렘이 가슴에 꽃 핀다

맛있는 추억들
연한 풀뿌리로 질겅 씹으며
향긋한 기대에 도취되는
봄날의 어느 하루!
그리움으로 크는 행복이 따사로우니
어릴 적
동구 밖 신작로의 먼지 속에
숨어오던 버스의 가슴 졸이던 기다림
아지랑이로
산모퉁이를 돌아서 온다.
꽃 무등을 타고~

봄을 배달 중

공짜로 햇살 가져오는
배짱 두둑하니
꽃 한 짐 지고
언덕 힘겹게 오르다가
쉬어가는 자리마다 펼친
초록 평상에서
새참으로 내오는 매화꽃 향기
맛깔스럽다.

정든 임 온다는 장황한 예고처럼
꽃바람 부니
깊은 잠에서 깨어
꽃눈 비벼가며 쓰는 안부
봄을 배달하려 꽃 한 짐 지고
산동네 오르니
아랫마을에 꽃순이 바람났다는
소문만 무성하더라.

봄비

겨울 내내 착상된
발칙한 도발의 수태
봄의 자궁이 열렸는데도
해산할 기미 없더니
연둣빛
양수가 터졌구나.

수유를 위한 젖몸살로
예민한 감각이 깨어나건만
잇몸 근지러워
아프게 깨문 젖꼭지는
버들강아지로
퉁 퉁 부풀어 올랐구나.

아가야
어여~ 젖 한 모금 먹고
쑥쑥 커야지

깡통 화분

소름처럼 돋은 작은 꽃망울
물 한모금과 자투리의 햇살도
감사할 줄 아는 건
관심 밖에서 몰래 키워온 희망이
대견스럽기 때문이고
초라해도 부끄럽지 않은 건
최선으로 살아
삶을 모독하지 않았기 때문이겠지

옥상 구석진 곳의 깡통화분에서
보잘 것 없음에도
생명의 신성한 품위를 드러내는
봄을 발견한다.

마음속엔 수두룩하게 버려진 빈 깡통

봄비 내리는 날에

어제 밤
겨울이 이사 가느라 부산스럽더니
오늘은 봄이 이사 온다고
온종일 빗속에서 분주하다.

호기심에게 문 열어준 실수로
뛰쳐나간 그리움
봄비 속에 쏘다니다 몸살 앓지 않을까
온종일 애가 탄다.

가출한 그리움을
봄비 속에서 찾는다.

어느 봄날의 방황

호기심의 꿀단지 채우며
꽃들은 아름다운데
진실의 모순과 억지의 두려움에 갇혀
그대에게 다가서지 못합니다.

서툰 기대에 엉겁결 눈 뜬 사랑
기억 속에서 눈 부비고 찾아 온 것이 아닌데
찬란한 오늘
이 목적 없는 방황은 무엇입니까.

꽃향기에 몸살 나고
봄바람에 멀미하면서도
새순 돋는 그리움의 싹을 분지르는
나는 누구입니까.

망월동 장미꽃

장엄하고 비장하여
혈흔 묻은 깃발을 흔드는 건 아니오.

그냥 자유롭게
사랑하여 느끼고 싶었을 뿐
맹목의 복종이 아닌
내 땅에서 꽃으로 살아감을
실천했을 뿐
침묵이 과장한 공포에서
강요의 두려움 없는 내일을
노래했을 뿐

잊힌 함성이건만
기억하면
또 다시 대열을 짓고 주먹 쥐는
망월동 장미꽃
마른눈물 다시 솟게 하는
최루탄보다 매운 꽃향기
망각의 아찔한 위험을 경험하나니
7080세대에게
유독
더 붉게 피어나는 장미

소낙비

자근자근
언덕길 시원찮은 허리를 밟으며
네가 다녀갈 때마다
조마조마하던 꽃잎이 진다

다시 도지는 아픔으로
후다닥 담을 넘는 소낙비가
토닥거리는
외로움의 다듬이질

그리움의 더부살이로 눈치껏 배운
궁상맞은 넉살로
느낌이 가리키는 화살표 따라가
두근거리던 꽃잎을 열고

급하게 띄운 파발마
너를 향해
말굽소리 요란하게 질주하면
가슴엔
모락모락 김나는 연정戀情.

내원사 계곡

너는 처녀림이어야 했다
꽃이 유혹해도
그 순결을 지켜주기 위한 초록의 방패에서
바람이 새어나오고
생명의 탄생을 부추기는 물이 흐르는
희망의 원시림이어야 했다.

살아감의 원인을 제공하는
싱싱한 도전으로
주체할 수 없는 눈물을 거두어 주고
아픔 숨겨주는 아량으로
포용의
푸르른 우거짐이어야 한다.

비구니의 마음을 닮아
침묵을 허용하고
다소곳한 어울림을 극찬하며
고난을 대비하는 준비로
너는 이 여름에게
아낌 없는 보시布施이어야 한다

바닷가에서 햇살을 줍다

뜨거운 햇살 못 견뎌
바다로 뛰어들면
물결위에서 자유로운 빛의 잔해

네게 허락받지 못한 그리움만
너울너울
겹겹으로 그물치고 몰아오는 해변

뛰쳐나온 빛들의 아우성
철부지로
깔깔거리는 조무라기 햇살

반사하는
꿈의 파편을 줍는다.

다시 손질해야하는 기대의 날들을.

추상追想

관계 단절을 선언하고
막무가내인 지독한 애증에
갈등하다가
무심결에 더듬는 빈자리엔
몸에 배인 습성으로
내쫓지도 못하는 그리움이 산다네.

미움에 손 잡혔던 기억으로
거부하던 사랑
선한 마음에 기생하던
자책의 방황
아프지 않게 떠올려도
흉이 되지 않는 계절이라네.

추억을 수선하는 재미가
제법
쓸쓸하다네.

가을 애상

허락한 만큼 다가서면
늘 당신의 언저리
불만의 시간들이 낙엽지면
앙상한 몸통
가을바람에 뼈가 시리다

사랑을 탈곡하고 떠난 자리
이삭 줍듯
까치밥으로 남겨놓은 기다림만
울긋불긋

무책임한 아픔에
불신의 마음이 모아둔 원망
불사르면
아껴둔 미련도 함께 태워야지

허전함도 곧 익숙해지는
가을 닮을 테니

을숙도의 노을

노 젓기를 멈춘 갈대들
한 움큼씩 빠지는 허연 머리카락
강물위로 흘려보내며
여유롭다가
지금은 어둑한 시간 속에 섰습니다.

내일을 쫓던 각오가 바스락거릴 때마다
날아오르던 철새 같던 꿈도
날개를 접고
오랜 행군으로 성한 곳 없는 세월도
비장함을 내려놓고
잠시, 노을의 장엄에 넋을 놓습니다.

가을 나그네
낭만의 헤진 침낭을 펼치고 누우면
갈등하던 별빛
더 깊이 껴안는 연민입니다

가을의 사색

고난을
희망의 디딤돌이라 깔아주던
삶의 가난한 믿음에
단풍으로 의미를 물들이던 기억들이
보란 듯
가을에게 펼쳐 보이는 황홀한 은유
화려한 찰나에 얽매이지 않는
여문 약속
자연의 순리를 받아들여
아름다운 이별을 준비하는 날엔
사랑 앞에 부끄럽던 마음
훌훌 벗어두고 가려오.

쇠잔해지는 날들을 변호하며
사력을 다한 여름의 열정을 바탕으로
곱게 단장시킨 풍경
오랫동안 저장시킬 그리움으로
가을 떠나기 전
그대의 기억 속에 전시하려오
단풍 속에 시작된 빛의 산란
새로운 봄에 부화될 꿈의 산란.

낙엽

수많은 이파리들이
온전한 자기 뜻으로 낙엽지진 않았을 꺼다

속박의 미련에 싫증나
냅다 등짝 후려치고 도망치듯 뛰어내렸거나
찬바람의 몸살로
시름시름 앓다가 버티질 못했거나
마른 우물에 빈 두레박질만 하다가 목말라
포기했을지도 모른다.

직립의 뼈들이
눈보라의 고문을 견뎌내는 동안에도
썩은 살들은 진화하여
창조를 경험하기위한 소망이어야 한다.

생면부지의 마침표 앞에서
울음을 터트렸다

치매에 걸려 나를 잃어버리고 있다고

솔숲에 눈 내리듯이

가벼운 것들이 몰려 있다가
쏟아지며
그 자유로움으로 만들어내는
위대한 창작을 보라
무게를 느끼지 못하던 것이
솔가지에 쌓여
조금씩 그대에게 겸손으로
기우는 걸...
모아두지 않고 털어내며
다시 반기는
처음의 마음으로
다른 것의 본질을 훼손하지 않고
잠시 머물렀다가
누군가의 마음을 다치지 않게
미련의 흔적 두지 않는 세심한 배려로
나 또한
누군가의 삶에 반가운 손님으로 왔다가
기쁨을 장식하던
아름다운 소망이고 싶다
잠시의 위안으로…

눈꽃雪花

경계를 허물고
손뼉 치며 내게 오는 환희
충만을 짊어지고 오는 나풀대는 수고를
어찌 눈여겨보지 않으랴

앙상한 그리움의 뼈마디에
소망의 살이 오르고
눈치껏
사랑의 재량으로 베푼 포용의 기적
잊힌 약속을 딛고 오는
경건한 뉘우침으로
새로 부여받은 순결함이다.

그 안에서
자꾸 작아지던 내가
눈꽃 되어
너의 어깨에 내려앉으면
내가 너인 듯
네가 나인 듯
분별의 형상을 지우는 낙화落花.

춘설春雪

순결을 벗어내야
생산을 위한 잉태를 경험하느니
차가운 입맞춤에도
반응하여 껴안는 눈부신 나신裸身을 보라

서둘러
통정通情이라도 하려는지
곱게 깔아놓은 이부자릴
파고드는 춘심春心 품어
초례醮禮 치루면
곧추세우는 꽃눈들의 발칙한 도발로
그리움이 대신 꿈꿔주는
태몽이겠네

맨몸으로
한풍의 천대를 견디며
무의식으로
탄생의 기대를 수유授乳하는 꽃눈들아

기다림의 시간들이
눈 떴다

제 3 부

사랑을 엿보다

어쩌면 우린
불잉걸의 심장 식지 않아
저지르지도 못하는 죄
마음에 품고
기다림의 습관 속에 숨어있을 뿐입니다.

보고 싶다, 그립다

그대가 보고 싶다
빈 마음에 메아리로 놓아두니
그 한마디
살며시 다가와
향기롭고 고은 꽃으로 피었다

그대가 그립다
밤새 놀다가는 마음에 하소연하니
그 한마디
꽃잎처럼 쏟아져
다정한 고백으로 안겼다

마음속에 언제나 머물러
되새김할 때마다
지극하고 간절한 사랑으로
내게 기다림을 안겨준 사람아

보고 싶다
그립다.

따뜻한 안부

피곤하여 축 늘어진 세월을
바지랑대 괴어
척척 걸쳐 널은 감성
퇴화된 열정의 남은 습성으로
훔쳐보는 그대의 소망

빈손으로 돌려보내곤 하던 인생에게
쥐어주는
발아되지 않은 꽃씨 한줌

허전함을 채근하여
그리움조차 조심스러우니
전하는 안부에
살뜰한 마음이 먼저 반기고
삶이 실망스러울 때마다
햇살로 찾아와
다툼 많고 변덕스러운 마음
틈틈이 어루만지는
따뜻한 안부가 다정하구려.

시치미

그 흔한 그리움에
싱싱한 아픔을 뿌려두고
벌겋게 달아오른 열망
콩닥거리던 설렘의 꽃순 따먹고
시치미 뚝

게 눈 감추듯
외로움도 기다림도 다 지우고
수 없는 고백의 꽃잎
모질게 흔들어 떨어뜨려내고도 아닌 척
시치미 뚝

향기롭게 다가와
부끄럽게 속살 더듬어 놓고서
날카롭기 만한 가시
아프게 찔러놓고는 모른 척
시치미 뚝

사랑!
참~ 낯도 두껍구나.

꽃이 된 우산

우산 속에 숨은 연인들의 입맞춤
감춘 사랑으로
탐스런 비밀이 걷는 곳마다
풍성한 꽃밭
길거리에 피어난 우산꽃들이
봄비를 반긴다

연인들의 밀어를 품어주고
봄을 향해오는 모든 사랑을 감싸며
예쁜 꽃으로 핀 우산
꽃물결 흐르는 거리를
연민과 데이트 중

알록달록
꽃물이 든다.

집 착

기름진 욕심 골라 담고
호기심 발동하여 기웃거리는 넌
염치도 없이
벌써 몇 채의 집을 그리움으로 지었다가
미움으로 허물었더냐.

포획한 환상들로
밀치며 다가오는 맹목의 기대
체면도 없이
집요한 추궁에 어눌한 변명으로
쫓겨나길 몇 번이더냐.

신뢰가 자라지 못하는 땅에
허구의 약속을 심으며 안달하는 넌
자존심도 없이
닦달하여 다그치는 어긋난 이해로
불신에 늘 뺨 맞지 않더냐.

변질된 관심으로
외출을 허락하지 못하는 넌
수치심도 없이
불안을 미행하다 들켜
멱살 잡힌 적이 몇 번 이더냐.

몹쓸 짓이다
집착의 안심 속에 마음을 가두는 건...
풀어 두리라
사랑이 자유로이 숨 쉬는 곳에서
네가 나를 발견할 때까지

그리움의 감기(제체기)

코끝 저려 오도록
콧물 닦다가
문득, 생각난 당신
훌쩍이며
대수롭지 않게 넘기려했던
코끝 찡한 여운입니다.

제체기로 튀어 나왔던 그리움이
눈물 그렁~
한때 기쁨으로 부풀고
한때 슬픔으로 주저앉아
면역되지 않은 고통으로 훌쩍거리며
신열로 앓아눕는 날엔
외로움의 처방전을 들고
당신의 기억 속으로 찾아 갑니다.

화상火傷

당신이 없는 빈방에
군불 지펴 그리움 덥히다
마음을 데었습니다.

시간 지나면 새 살 돋아
데인 상처가 남긴 일그러진 흔적
항상 흉터 가린 옷차림으로
아무렇지 않은 듯
그렇게 세월 살아가겠지만
지금은 따가운 고통으로
군불 지피던
그리움의 오늘을 원망 합니다

자꾸 쓰려오는
화상 입은 마음입니다

다시 또 사랑

외로움의 등살에 못 견뎌
사랑 별거 아니라는 뻔뻔한 위로와
후회 뒤에 숨은 그리움으로
하나뿐인 술잔에
얼마만큼의 아픔을 따라야
이별에 담담해지느냐

미련의 찌꺼기를 설거지하고
원망의 뒤치다꺼리 하며
눈물로 몇 번을 마음 행구고
애간장 새카맣게 태워야
다시금
사랑을 기웃거릴 자격이 주어지느냐

배반의 기억을 지우며
살아야하느니
다시 또
사랑의 부축을 받아야하느니

품앗이 사랑

인정에 기대어 살다가
세월의 변화에 적응 하지 못한
연민일지라도
인생의 재고로 쌓이지 않게
후한 값 지불하여
삶의 밑천으로 장만케 하는 사람아

서러운 마음 슬며시 두고 가면
반듯하게 키우며
헛디딘 소원 추락하지 않도록
손잡아주는 배려에
간절함이 먼저 수락한 사랑으로
헌신하려네.

아름다움이 쇠락한 뒤에라도
의미만큼은 온전하여
비축한 그리움으로 연명할 수 있다지만
품앗이 사랑으로
행복을 창조해내는 보람 있으니
두렵지 않은 내일이라네.

부재중

아직도 믿고 싶은 거야
혹시나 하여
닳아지도록 여 닫던 그대의 방 문

허물처럼 남겨진 미련
수없이 고쳐 깁던 헤진 정으로
다짐의 약속으로 불 밝힌
호롱불
빈 방에서 너울너울
혹시나 하여
웅크리고 있는 허풍의 기대

방임되어진 불안에
조급해진 마음
그대의 부재를 변명하다
눈물 보이면
겨울밤이 자꾸 뒤척인다.

섬

그 섬에 가고 싶소.

자생하는 그리움 모나지 않게 키우며
붉은 동백꽃 지던 숲에서
파도가 벌거벗고 뛰노는 해변에서
간섭받지 않는
정직한 기쁨으로 살고 싶소.

해풍의 잔잔한 애무에
금빛비늘 반짝이며 자지러지다가
광란의 폭풍우에
맨주먹으로 맞서다가
표류하던 나의 탐험을 수락하는
섬에 닿고 싶소.

신기루의 소원이 정착하는
섬을 향해
부푼 돛을 당기오.

그리움의 실상實狀

지난날들이 모아둔 꿈
사랑 배불리기엔 너무 모자라
서툰 고백으로
그리움에게 손 벌리던
관심

냉정한 판단이 허물었던
어느 봄날의 꽃 대궐
빚진 사랑에게 변제할 요량으로
겨울의 한복판에 짓겠다는 건
무모한 착각

되새김의 추억을 순례하던
떠돌이 그리움
돌부리에 걸려 넘어지던 날에도
무관심으로
겨울바람만 매몰차구나.

후 애後愛

그리움 확대하니
보이지 않던 슬픔이 스멀거리고
아픔을 증명하려는 듯
수북하게 가시 돋친 원망

눈물로 배양하던 넋두리 속에
지독한 설움이 번식하고
작은 건드림에도
예민하게 반응하는 외로움

한발 앞선 그리움과
한발 늦은 후회로
이제야
마음 열고 들어서는 사랑

사랑의 역류

꽃봉오리에 머물던 설렘
흐르고 흘러
그대에게 여울지다가
장대비로 쏟아 붓기만 하던 고백
역류를 막아보려
기약의 제방 높여 쌓고
다시금 흘려보내는 오기부린 사랑
거슬러 오르는 슬픔으로
이미 위험수위
망각의 강에 투신하였던 기억들이
되돌아와 상기시키는
푸른 초원을 내달리던 희망
범람의 불안 속
새로운 기대가 역류 된다

제 4 부

그리움의 텃밭

그리움의 텃밭엔

언제나 풍성한 추억이…

지극한 헌신의 겸손이…

당연시하던 사랑이…

어머니의 새

쪼그라든 몸에 갇혀
퇴화된 날개를 접고서
밤새
가냘프게 울었다

체온을 덜어간 가슴 서늘해져
박제되어지는
허무한 세월을 쪼아대다
망가진 부리로
외로움에 말아먹는 밥 한 그릇
겸상하고서야
저승을 향해 아픔 없이 날고 싶은 꿈
담담한 두려움을 알았다

되돌아오는 길
불안한 내일의 기다림으로
어머니의 새
내 가슴에서 오래도록 울었다

오줌싸개

쾌감을 관통하며
따스하게 젖어오던 축축한 실수
책망을 덮어보려
제 몸 크기만 한 키 뒤집어쓰고
소금 동냥을 나선다

잠시의 실수와
오랫동안 남을 후회를 모아
빨랫줄에 어린 추억 널어놓으면
어머니가 햇살아래
계면쩍어 움츠린 마음을 다독이며
예쁘게 웃고 계신다

이젠 누가 어머니처럼
가늘고 고은 눈으로 꾸짖어
타박하면서도
뒤뜰에 감추어 널어
사랑으로 뽀송하게 말려줄까

어머니의
등짝을 내려치던 매운 손길 그리워
꿈결에 자꾸 오줌이 마렵다.

어머니의 아침

처음부터 기대로 애달팠던 건 아니다
시름시름 앓던 그리움
염려의 삭정이들을 모아
아궁이에 근심을 불 지피기전에는

예전부터 기다림에 익숙했던 건 아니다
쥐어짜도 내어줄 것 없이 말라버린 젖가슴
사랑을 보채던 자식들이
할퀴어 놓고 떠난 빈 가슴 되기 전에는

눈물 많은 그리움이 밤새워 만들었을
밑반찬의 사랑
이제야 어렴풋 보이는 당신의 외로움
저리 가냘픈데 그 속내야 어련 하려고

잠 깰까 조심스럽게
아침밥 짓고 있는 어머니
남겨진 세월의 바람을 앞세워
오랜만에 행복을 뜸들이며 흐뭇해하신다.

결혼 기념일

눈부신 허풍의 다짐에
확인도 없이
덜컥 마음 다 내어주고
귀동냥하던 사랑고백 때문에
눈감아주던 소원
그의 황홀한 약속에만 통하던
마법이었기에
막무가내로 저지른
시작도 끝도 없는 사랑

세월 흘러
마법이 풀린 뒤에도
혹처럼 달고 사는 미운 정
사랑하는 이유보다
헤어지지 못하는 이유가
늘어나는 인생
별 놈, 별 년 있냐고
비교도 설렘도 포기한 채
웬수 같은 정情
고봉으로 먹으며 삽니다.

여름밤

슬픈 별빛 따라간 아버지
여름밤 깊은 생각에 잠겨 깜박이고
그리움을 멍석 깔고 누우면
등 뒤로부터 스며드는 사랑의 기억들

풀벌레 도란거리고
개똥벌레 불빛 들고 모여들면
모깃불 연기에
눈 매워 눈물 핑 도는 그리움
슬며시 돌아서 운다.

살금살금 개구쟁이 추억을 서리하며
조금씩 졸음 속에 깊어가는 여름밤
별빛의 두런거림 잦아들면
별똥별로 내려온 아버지
사랑의 손길로
잠꼬대하는 어린 꿈을 번쩍 안아
안방으로 옮긴다.

수제비의 기억

치도곤의 대상이 되어
얻어터지기만 하던 보잘것없는 체면
이리저리 짓이겨진
구차한 합리화의 살점 뜯으며
눈속임의 위안으로 배불리던 가난

날것의 설움이 퐁당퐁당
펄펄 날뛰던 아픔이 삶아질 때마다
부글거리며 끓던 부끄러움으로
꾸역꾸역 삼키던
기름기 없는 맹탕의 슬픔

가난하던 시절을 먹여 살린
진저리나던 수제비
비오는 날이면 생각난다
마치
관절염 도지듯

엄마 손은 약 손

새벽잠을 깨운 아픔이
아픈 배 어루만지던 약손의 효능을
의심하면서부터 시작한
홀로서기
복수에 차오르는 그리움
진통제 한 알로 진정시킬 수 있었다면
이 깊은 밤
잘린 탯줄의 아픔을 상기하며
그리워하진 않았으리.

나지막이 들리는 노래
엄마 손은 약 손
엄마 손은 약 손
다시 쏟아지는 유년幼年의 꿈

엄마 무릎에
소복소복 쌓이던 잠꼬대

아내의 첫 휴가

곰국 한통 끓여놓고 밑반찬 챙겨놓고
결혼 후 처음
아내가 짐을 챙겨 집을 떠났다

수줍고 예쁘던 가슴에서
몰래 따오던 설렘이
젖몸살로 두 아이 키우던
숭고한 사랑이
아낌없이 내어준 가슴 속에
몹쓸 병 생긴 것도 몰랐다

젖이 샘솟던 가슴
엉뚱한 세월에 볼품없어져
속상한 것도 모자라
심술궂은 인생
젖줄 당기는 고무줄놀이로
아픔 키우는 줄 몰랐다

아내가 일주일치 속옷을 챙겨
휴가 가듯 집을 나섰다
마더스 여성병원으로…
괜스레 내가 대신 억울해했다

쌈짓돈

고쟁이 속주머니에 꼬깃꼬깃
감춰둔 지폐는
인생의 출렁다리 위험하게 건너며
받았던 품삯
자식의 자식이 할머니의 손을 잡아끌어
쌈짓돈을 턴다.

키워준 수고의 이자도 못되는 용돈
염치없어하며 받아
팔불출 자식자랑 안줏거리 삼아
경로당에서
막걸리 한통 호기롭게 사고 나면
잔돈 짤랑거리는 쌈짓돈

호기롭던 인생 어디가고
십 원짜리 고스톱에 핏대 올리며
누에가 뽕잎 먹듯
푼돈 야금야금 갉아먹으며
오늘을 연명하자니
객쩍어
옆집강아지에게 호통 치신다.
네놈 팔자가 상팔자여~

아내가 머리 감은 뒤

아내가 머리 감은 뒤 들어간 욕실엔
널브러진 머리카락
검은머리 파뿌리 될 때까지
돌보지 못한
무심한 세월만 어지럽다.

아내의 청춘을
미안함 없이 가져다썼기에
탈모 심한 나의 머리
대놓고 불평도 못하겠더라.

세월아
아내의 파뿌리 머리카락 뽑으려
끈질기게 달려들지 말고
대신하여
내 머리카락 뽑는 걸로 만족하면
안 되겠니?

스승의 날과 아버지

분단의 철망을 홀로 넘다 총알 박혀
절뚝 걸음으로
교단에 섰던 30여 년의 인생
구수한 옛날이야기로
어린 동심들에게 심었던 꿈 있어
퇴직 후 초라한 현실
그 힘겨움을 견디셨을까

계란 한 꾸러미에도
감사함에 허리 굽히시며
근엄함보다 다정하던 눈빛이 우선하여
천성이 선생님이셨던 아버지
편안함으로
성실한 선생님이셨던 모습
그리워
뒤늦은 존경과 사랑으로 되새김 합니다

난쟁이 해바라기

앙상한 육신에서
가물거리는 영혼의 등불
세월의 바람에 꺼질까 조심스러워
천리 길 달려
먼저 도착한 염려하는 마음이
엄마의 고통 부축하다
쏟아진 눈물

뒤돌아오면
덩그러니 남겨질 허전함
화분에 심어
창가에서 키우는 그리움 되면
지팡이로 두고 온
우려의 마음
난쟁이 해바라기처럼 보살피겠지.

베넷저고리

지난 시간 속에서 만난 깨끗한 첫 대면
가장 정직한 울음을 품고
착한 기쁨이 고인 순한 눈망울을
누가 질투하랴
엄마의 눈부신 소망을 실천하고
행복하게 오늘을 살아
아름다운 기억을 베넷저고리로 걸쳐라

진부한 수식이 눈 뜨기 전
신성한 기도를 옹알이로 전하여
맑은 눈물이 세상의 거짓을 씻고
행복의 몸짓 꼬물거릴 때
어여쁜 꿈의 품에서
포동포동 살찌는 진실로
생生이 감탄하는 노래를 불러다오

축복이 숨 쉬는 자리에서
맛있게 익어가는 감동이 될지니

솔가리(탈모)

거름 한번 져다 뿌려준 적 없어
미안하던 차에
인정머리 없는 유전자가
안간힘으로 버티던 머리카락 뽑으니
스르르
빗질 한 번에 맥도 못 추고
민들레 꽃씨 날리듯...

울 아버지 머리를 민둥산 만들었던
탈모의 이력이
모근毛根을 자극하니
아버님이 계신 소나무 숲에도
목욕탕에도
푸석한 솔가리* 한 짐

벌써부터
걱정스러운 아들의 머리숱

*솔가리 : 말라서 떨어져 수북이 쌓인 솔잎

참 좋은 당신

사랑한다는 말에도
낯간지럽다며 시큰둥하고
꽃이나 단풍의 아름다움에 무덤덤한
무딘 감성이
참 좋은 당신이란 말 한마디에
싱글벙글
부지런함으로 볼품없는 인생을
윤기 나게 쓸고 닦는다.

멋쩍어
치마폭에 숨겼다가
살며시 돌아서서 꺼내보곤 하는
말 한마디
반짝거리는 웃음이 반긴다.

참 좋은 당신!

제 5 부

꽃 속에 감춘 시

도린곁에 야생화마다
그리움 아슴아슴
서러운 눈물일랑
꽃 속에 숨기면 되는 걸…

설중매

길들여짐을 거부하다
세상 밖으로 내쳐진 오랜 방황
부랑의
가슴 아픈 선언으로
허허벌판에 눈보라가 일면
정착을 꿈꾸던 마음 뒤져
봄의 봉인을 뜯던
설인雪人

눈앞에서 그리움을 베는 칼바람에
쫓기던 춘정
황망히 떠났다가
기쁜 해후를 꿈꾸며
눈보라 헤치고 오는
화인花人

그게 너일까?

봄까치꽃

모자란 햇살에도
불평 없이 희망의 바탕이 되어
스스로 충실한 사랑이 되는 믿음
그 중심에 뜨는 별

수줍음을 이유로
숨겨 키운 사랑의 비밀
아무도 탐내지 않던 어설픈 꿈에
오랫동안 머물며 완성시킨
그리움의 느낌표

하늘을 바라보면 내 것이 되는 별들 안고
작은 꽃잎 흔들어
금세 환해지는 미소가 되는 넌
낮추어 공손해지는 사랑

유채꽃 피는데

수상한 그리움이 수시로 들락거리며
매혹의 향기로 수작 거는데
저리도 환한 미소로 내보일 속마음
진정할 수 없는 봄바람에 맡기면 어쩌누

관여할 수 없는 섭리로
동경하던 꿈들을 노랗게 물들이고
부푼 사랑 안고 오려면
봄바람이라도 재울 것이지

매일의 관심을 저축하던 꿈이
꽃물결로 일렁이는 날엔
향기 쫓아온 그대
천지가 노랗게 허물어질 입맞춤을 허락하려나.

진달래꽃

수줍어 나서지 못하면서도
분단장 곱던 너
추궁하는
봄바람의 아픈 매질 견디면서도
그리운 이름 함부로
귓속말로 바람결에 떠벌리지 않았어.

바보 같은 그리움만 속절없이
사그라지는데
굳이 사랑을 증명하려
외면하는 이유를 캐묻고 않고
품어 안는 아픔으로
가슴 벌겋게 닳아 오르는 열병에
몸을 맡겼어

야산에 엎드려
짧게 울던 눈물 거두고
넌 참으로 촌스럽게 살다갔어.

홍매화 같은 사랑

희로애락에 머물러
인생 배우던 유랑의 세월
내 존재의 이유를 깨닫기 전까지는
빈손이었을 사랑에게
선보이는 그대여

사랑 고프면
그리움 한 입 베어 먹으며
기다림에 지쳐
마음이 먼저 한 약속도
성실하게 지킬 수 있게 하렴아

어설픈 입맞춤을 배우기도 전에
줄행랑 놓으면 어쩌나 싶어
틈만 나면 기웃거리는 그대의 마음
겨울 건너와 언 발 녹이며
언제쯤 필지 조마조마한 홍매화 같아라.

제비꽃

오랫동안 공들인 앉은뱅이 사랑으로
그리움 견디지 못하는 마음에
보랏빛 눈물 한 방울 고이는걸 알지도 못하면서
꽃반지의 언약이라니
가당키나 하겠어?

어질고 순한 기쁨에
사랑으로
끄덕이는 수긍의 몸짓
수줍은걸
책망할 이유는 없는 일

앉은 자리 불평 없이
이처럼 환하게 웃어 주는데
한 뼘 양지쯤은
허락해도 되는 거지?

조팝나무 꽃

순백의 소망으로 움터
하얀 치열 드러내며 웃는
행복한 솜사탕이다

올망졸망
예쁘게 핀 기쁨
소담스레 엮은 축복이다

못다 한 정성 아쉬워
차린 밥상
풍요로운 사랑이다

볼따구니에 붙은 밥풀
놀려대는 봄바람과
뺑튀기로 나눠먹는 즐거움이다

한순간의 꽃비

설렘만으로도 황홀하던
사랑이
후회의 눈물짓게 하던
이별이
기다림에 시들해지던
그리움이
불면을 자극하던
아픔이
작은 고민에도 심각해지던
슬픔이
시련에 불복종을 선언하던
두려움이
고독 때문에 더욱 쓸쓸해지던
외로움이
무뎌지는 느낌의 옹졸한
외면이

모두 한순간이라고
꽃비로 속삭였어.

꽃잎에서 이별을 배우다

꽃잎이 흩어지며
행복한 웃음으로 자지러지다가
문득
이별하고 있는 거라고 깨닫자
제어할 수 없는 눈물의 폭포가 되었지

이별이란 이렇게 보잘것없어서
조용히 아파하다가
거들떠보지 않는 슬픔이 되었지

햇살 한 짐 무겁게 지고와 부려놓으면
만족하여
화사하게 웃던 네가 사랑이었건만
참견의 무게를 못 견뎌
휘청 휘청 멀미나던 찬사를 거부하며
미련을 손 놓았었지

꽃잎들이 예쁜 손 흔들며
이별하듯.

달맞이 꽃

달마중으로
고독의 비위를 맞추며
너의 방문을 기다리던
마음에
그리움의 심지를 심으면
까만 밤
네가 찾아와 등불을 켜

볼모로 잡힌 그리움이기에
애써 감추던 미련
노란 눈물로 돋아서
뒤돌아섰다가 마주한 기억마다
달빛 머물러
비밀의 손금 새기는 밤엔
너를 어루만져
사랑의 지문을 남기오.

매화 지천으로 피면

매실장아찌 단지
매실주 단지
저 많은 장독단지를 채우려면
올봄도 매화꽃 열심히 피어야겠구나.

매실 듬뿍 안겨줄 바램으로
꽃바람에 정분나고
옹기종기 둘러앉은 빈 단지들
벌써 배가 불러온다.

윤기 나도록 닦아놓은 그리움
불편 없이 가져가
후회 없이 사랑하다 가렴
탐스러운 약속 하나 잉태하렴.

꽃구경에 들뜬 아낙들
오늘밤엔
청 매실처럼 복스러운 애 낳는 꿈
기쁘게 꾸겠다.

찔레꽃

가슴 애달도록
나풀거리던 황홀하고 극적인 최후
머뭇거림 없이 투신하여
처음으로 날개 펼치는 자유를 보렴.

세월의 대화 훔쳐 들으니
뭔가 집히는 게 있더냐?
가령, 속절없는 기다림이라던가,
순애보의 허망함 같은
대충 이런 거

가시철조망에 갇혀 침묵하다
선언한 별리
사랑의 속박을 못 견뎌하던 그녀
하얀 버선 벗어두고
첨벙첨벙 개울 건너 떠나갔다

여름에게로
맨발로.

메밀꽃

쑥스럽던 처음의 고백을 맛본 후
오랫동안
느낌표 하나씩 모아둔 마음
네 곁에 내려놓으면
탐스러운 그리움 되어 꽃 필까?

깨알 같은 웃음 팡팡 터지면
굳은살 박이던 믿음의 세월 속에서
촘촘하게 번식하던 기다림

나를 기억해주는 예쁜 마음위로
소복소복 쌓인 달빛
사뿐 사뿐
바람이 밟고 지나간 자리에서
가을을 기다린다.

5월의 장미

족두리 동여매고
옹기종기 모인
소녀들의 순수한 몸짓들
성숙의 징조로
초경의 성스러운 의식 치르는 걸 보렴

순결을 상징하던 너의 신성한 피로
혼탁한 영혼을 정화시켜
사랑 앞에
담백한 순수를 바치렴

가슴앓이의 진통으로
창백하던 뺨에 혈색이 돌도록
수혈 받은 사랑으로
이제 막 시작되는 축제의 날들을 위해
기력을 회복하렴

거침없이
뜨거워지는 가슴을 열고 있는
5월이다.

살사리 꽃(코스모스)

먼지 뒤집어쓰고도
별 탈 없이 꽃 피워내고
바람에 머리채 잡히면서도
불평 않는걸 보면
기특하여라
외로움이 할퀸 자리 방치해도
다소곳 기다림 키우다
너의 방문이 허락되던 날
방실거리는걸 보면
무던하여라

칭얼거리던 그리움 달래려
조막손마다
쥐어준 꽃바람개비들
참회의 겨를도 없이 떠난 사랑 위해
온순하게 손 흔들면
가만히 머물다가
꽃의 언어를 배워버린 사내가 훔친
詩 한 줄
어찌 가을을 탓하랴

들국화 피면

나약함을 인정하는 기도 속에
소박한 꿈 담기니
미숙한 사랑으로도 향기로운 기대
찬 서리의 책망도 견디는
수줍은 그리움의 빛깔 고와라

어디선가 만난 것 같던 다정함에
그리움이 꽃 피고
세월의 틈바구니에서 담아 온
서툰 이해조차
거부하지 않는 사랑으로 소담스럽다

가을 외로움을 시중들던 햇살
네 얼굴에 퍼질 때
추억 한 모금에도 배어나는 향기
너의 들숨에는 고독이
너의 날숨에는 그리움이
길들여지지 않은
자유로운 영혼으로 숨 쉰다

동백꽃 당신

고된 품 팔아 사랑 키우다
힘겨울 때면
가슴 문드러지도록 울고 나서야
아픔의 이유 되묻는 사람아

별것도 아닌 것처럼
애지중지 키우던 송이송이 그리움
훌훌 털어내고
빈손이 되는 자유로
연민을 쪼아대던 자리 자리마다
동백꽃 피면
그대 가슴에 사랑 물어 나르는
동박새로
연인처럼 살겠소.

제 6 부

팔리지 않은 시

밑천 다 날리고
겨우 얻은 개평의 그리움마저
사랑의 도박에 거는 무모함
조용조용 타이르며…

벌레 먹은 사과

나를 속상하고 거북하게 했던
벌레 먹은 것 들이
가장 맛있게 익었던 축복이었음을
깨닫습니다.
품위 있고 탐스러움은
내 것이 아닌
진열하여 내다 팔
남의 것이었고
못나고 상처 있고 벌레 먹은 것들만
온전한 내 것이 되었습니다.

지금껏
나를 배부르게 한 것은
볼품없고 보잘 것 없던 일상의 작은 행복
전시되는 상품가치에
눈멀지 않던 알뜰한 사랑
나를 위해 솎아내 준
잔소리 섞인 맛있는 인생
벌레 먹은 것들의
행복한 투정
기꺼이 내어준 당신의 사랑을 갉아먹으며
배부른 인생을 삽니다.

미안한 詩

돈 안 되는 체면과
언제 터질지 모르는 물컹한 감성
깜냥도 안 되면서
현실을 설득하려 애만 쓰다가
미안하여
詩속에 숨어 바라만 보오.

황급히 놓아버린 뜨거운 언어들이
불안한 사유事由를 태우고
현실과 타협한
변절의 이유를 추궁하여도
생존은 절박하여
곳곳의 은신처마다 숨겨둔 욕망
생의 전리품으로
그대에게 헌납하지 못하오.

느낌에
걸맞은 옷 입히지 못해
미안한 詩만이
가난을 타박하지 않는 그대 앞에
공손하오.

탁발托鉢

갸륵한 사모思慕의 보시로
바랑 묵직하건만
마음의 허전함은 여전하여
떠돌이로
기웃거린 인생
파계의 두려움과 사랑의 기대로
먼 길 동행하며
내심 다투기만 하던,
나조차도
이해하지 못하는 시詩를 앞세워
그리움을 탁발하고 있다

염치도 없이...

팔리지 않는 詩

달콤한 유희만을 탐하고는
사랑인척
향기 나는 말들을 도적질해 쏟아놓고는
고백인척
자신만 용서하는 시간 속에 텀벙거리다가는
고독인척
낯 뜨거운 비유가
엉겨 붙은 사념邪念의 찌꺼기를 설거지한다.

처치 곤란한 느낌들을
데치고 무쳐 밑반찬으로 내놓았건만
손도 입도 대지 않아
잔반殘飯으로 남겨진 詩
외상으로 가져다 쓴 감정들이
부채負債로 쌓이면
팔리지 않은 詩를 가난이 먼저 읽는다.

폐업은 기정사실이다

각혈 咯血

외로움을 마중물로
가슴속 깊은 서러움 다 토하고
비워놓은 가슴
바튼 기침에 그리움 고갈되면
허약한 감성이 견디지 못해
울컥 쏟아낸 선홍빛!
각혈하는 시인의 가을이다

오색 만장을 들고
치열한 생의 최전방에서
노려보기만 하던 세월이 얼마던고
각혈 잦아들고
산야가 야위어 앙상해지면
늦가을은
누런 수의 한 벌 장만하겠지.

짝퉁

늘 진짜이고 싶다

진정한 기도로
간절한 소망에 가까이 다가가고
진정한 아픔으로
치유의 기적을 꿈꾸며
진정한 고독으로
관계의 소중함을 배우고
진정한 사랑으로
헌신의 참뜻을 새기며
진실한 눈물로
참회와 용서를 나누며
진실한 언어로
정직한 시를 쓰고 싶다

넙죽넙죽
칭찬을 받아먹으며
왠지 머쓱하여 내민 마음 또한 표절
허망한 다짐의 궁상스러움에
나만 애긍하니
이 자각 또한 고급스러운 짝퉁.

도깨비 씨름

비몽사몽 잠깰 무렵
그럴듯한 詩 한 편 완성하고
어설프게 만난 만족감
눈 뜨면 도망가지 않겠다는
다짐도 받았건만
일어나 조심스레 기억을 되짚으니
야속하게 꽁무니 뺀 가물가물한 詩語들
밤새 씨름한 도깨비는 어디 가고
빗자루처럼
달랑 볼펜 한 자루

詩라는 도깨비랑 씨름하다
백지위에
제목만 붙잡아놓고 추궁하지만
허탕!

유치한 詩

신랄한 비평을 퍼부어도
개의치 않고
느낌과 감탄을 설명해 가면서
넉살좋은 친밀감으로
멋있어 보이려는 마음 굳이 숨기려하지 않는
정직함이면 어떠랴

엄격하지도 않고
치열하지도 않으며
우는 아이 달래주는 사탕처럼
달달한 위로만 있고
무거운 철학과 난해한 의미가 담기지 않는
단순함이면 어떠랴

싱거운 농담에도
온몸 접어가며 웃고
작은이별에도 신열 앓으며
그럴듯한 낭만에 도취하여
연애편지에나 어울릴법한
유치함이면 어떠랴

정연한 논리로 무장하지도 않으며
식상하고 진부하여도
촌티 나는 멋도 좀 부리고
눈치 보지 않는
뻔한 짐작의 상투적인 고백을 하는
무모함이면 어떠랴

순수를 모방하고
독자에게 아첨한다고 비아냥거려도
읽히지 않는 고고한 시보다는
살아가던 어떤 날 속에서 본 듯한
정겨움으로
유치한 시가 되고 싶다.

프로필

찬란한 이력이
어제의 빛나는 업적과
현재의 무시할 수 없는 위엄을
눈에 띄기 좋게 나열하고
근엄한 악수를 청해 왔다

뺑 쳐도 상관없는 우등의 학력과
과시할만한 경력도 없고
왕년에 키웠다는
그 흔한 금송아지의 허풍조차
끼워 넣을 수 없어 난감하다

열심히 살겠다는 다짐만 있고
뭔가 내보여
자랑할 것 없는 천민의 이력
그러함에도
인생은 언제나 누구에게나 진지하다

시인에게 묻겠소

인생이 방류放流한 언어 속에서 낚는
월척의 짜릿한 느낌
퇴화된 감성이
공들여 설명해도 자꾸 낯선 까닭을
시인에게 묻겠소.
詩의 말미末尾에
느낌 제대로 처분하지 못한 마침표
쾅쾅! 말뚝 막아야
안심이 되는 막연한 이유를
시인에게 묻겠소
詩 한줄 급하게 삼키다
목에 걸린
난해한 암호 속에 숨긴 은유
수상한 거래로
처분하려 내놓은 장물臟物 같은 감동
어찌해야하는지
시인에게서 묻겠소.

먹고 살만하니까

호기롭게 지갑을 열면
극진한 대접 받는
주지육림의 신대륙을 탐험하지도 못하고…
등치 커진 자만심으로
배짱 두둑해져
한턱내는 술잔에 거만이 넘치지도 못하고…
유명 상표로
만족을 가꾸지도 못하고…
땅강아지처럼 살다가
망가진 육신 헌신짝처럼 버린 망자
안쓰럽다며
눈물 찍어 내며 하는 흰소리
먹고 살만하니까 세상 떠났다 하네.

지금의 이 궁상도
다 먹고 살자고 하는 노릇인데
자꾸
사팔뜨기가 되는 인생
여보시오,
당신은 먹고 살만합니까?

꼴값

제 꼴값 하고 살면 되는 거지
무람없는 대거리로
만만한 놈만 멱살잡이하며
없는 능력에도
갖지 못한 것에 대한 신랄한 비판

꼴값하네
껌처럼 질겅이는 비아냥거림

못 본 척
모르는 척
뻔뻔해지는 법을 배웠으니
살만한 인생
제멋에 겨워 무엇인 척하는
꼴이라니
난 오늘도 꼴값하고 살았기를 소원한다.

잡탕찌개를 끓이다

시비 많던 사랑도
세월 속에 건져낸 사연도
뒤에서만 큰소리치던 용기도
이별을 토막 내던 원망도
대강 대강 얼버무려 넣은 양은냄비에서
고민도 없이 끓던 잡탕찌개
느낌만 먹음직하다.

군더더기의 양념을 더하니
짜고 맵고
맹탕의 감정을 부어보니
싱겁고
정체모를 시가 끓고 있다.

시 한줄
경박스럽게 보글대고
넉살좋은 이해로
도취의 거품이 넘치기를 몇 번
허기진 시인

게걸스러운 잡식의 욕구가
부끄럽다.

배고픈 허식
찌그러진 양은냄비를 껴안고
밑바닥 박박 긁으며
맛없는 詩를 퍼먹고 있다
배불러
게을러지기 위해…

어설픈 詩人으로

찬란했던 사랑을 수확하고 남겨둔
꿈의 잔해 속
이삭줍기로 틈틈이 챙겨보는 그리움은
내가 살아갈 터전이려니
작은 흔들림에도 힘겨워하며
여린 감성으로 안겨들던 어설픈 삶에
적당한 이유가 되어
숨겨진 참뜻을 파종하는 시인이려오

느낌도 모르고
무조건 삼키기만 했던 언어들이
충만한 사색이 되어
가슴에서 잘 익은 의미로 튼실해지면
요란스럽지 않게
그대에게 전해주는 기쁨이 되고
생의 부름에 답하는
메아리로 살고픈 시인이려오

http:/

자드락길에서 만난 여유

문 영 길 시집

인쇄일_ 2013년 10월 10일
발행일_ 2013년 10월 15일

지은이_ 문 영 길
펴낸이_ 최 경 식
펴낸곳_ 도서출판 청옥문학사
디자인_ 문화마을

등록번호_ 제10-11-05호
E-mail:_ kyu500@hanmail.net
H P_ 070-8828-0068, 051-517-6068

ISBN 978-89-97805-10-5
값_ 10,000원